江苏省地方标准

公路桥梁伸缩装置病害评定技术标准

Technical standard for faults assessment of highway bridge expansion joints

DB32/T 3153—2016

主编单位：江苏省交通运输厅工程质量监督局
　　　　　东南大学
　　　　　江苏交通控股有限公司
批准部门：江苏省质量技术监督局
备案部门：国家标准化管理委员会
　　　　　交通运输部公路局
实施日期：2016 年 12 月 20 日

人民交通出版社股份有限公司

图书在版编目(CIP)数据

公路桥梁伸缩装置病害评定技术标准：DB32/T 3153—2016／江苏省交通运输厅工程质量监督局，东南大学，江苏交通控股有限公司主编. — 北京：人民交通出版社股份有限公司，2017.8
　ISBN 978-7-114-14061-7

Ⅰ.①公…　Ⅱ.①江…②东…③江…　Ⅲ.①公路桥—伸缩装置—病害—防治—技术规范—中国　Ⅳ.①U448.145.7-65

中国版本图书馆CIP数据核字(2017)第187440号

标准类型：	江苏省地方标准
标准名称：	公路桥梁伸缩装置病害评定技术标准
标准编号：	DB32/T 3153—2016
主编单位：	江苏省交通运输厅工程质量监督局
	东南大学
	江苏交通控股有限公司
责任编辑：	丁　遥
出版发行：	人民交通出版社股份有限公司
地　　址：	(100011)北京市朝阳区安定门外外馆斜街3号
网　　址：	http://www.ccpress.com.cn
销售电话：	(010)59757973
总 经 销：	人民交通出版社股份有限公司发行部
经　　销：	各地新华书店
印　　刷：	北京市密东印刷有限公司
开　　本：	880×1230　1/16
印　　张：	2.75
字　　数：	63千
版　　次：	2017年8月　第1版
印　　次：	2017年8月　第1次印刷
书　　号：	ISBN 978-7-114-14061-7
定　　价：	30.00元

(有印刷、装订质量问题的图书，由本公司负责调换)

江苏省交通运输厅文件

苏交质〔2017〕4号

省交通运输厅关于贯彻执行江苏省地方标准《公路桥梁伸缩装置病害评定技术标准》的通知

各市交通运输局、厅公路局、省交通工程建设局、江苏交通控股有限公司：

为规范我省公路桥梁伸缩装置病害评定，及时维修和保养，保障桥梁安全运营，由江苏省交通运输厅提出，江苏省交通运输厅工程质量监督局、东南大学和江苏交通控股有限公司等单位组织编写的《公路桥梁伸缩装置病害评定技术标准》已经江苏省质量技术监督局评审通过，由国家标准化管理委员会以2017年第2号备案公告，批准成为江苏省地方标准，并于2016年12月20日实施，标准号为DB32/T 3153—2016。

全省各营运单位，高速公路、跨江大桥、国道、省道等养护管理单位，应当予以贯彻执行。并请各有关单位在实践中积累资料，总结经验，及时将发现的问题和好的建议函告江苏省交通运输厅工程质量监督局（南京市升州路16号，邮编210001），以便修订时参考。

附件1：《公路桥梁伸缩装置病害评定技术标准》；

附件2：国家标准化管理委员会2017年第2号《中华人民共和国地方标准备案公告》。

江苏省交通运输厅
2017年4月14日

抄送：交通运输部安全与质量监督管理司、各省交通质监局（站）、各市质监站（处）、各市公路管理处、南京市交通建设投资控股（集团）有限责任公司，南京二桥、三桥、四桥管理公司，江苏省公路学会。

江苏省交通运输厅办公室	2017年4月19日印发

中华人民共和国地方标准

备案公告

2017 年第 2 号（总第 206 号）

国家标准化管理委员会依法备案地方标准 362 项，现予以公告（见附件）。

中国国家标准化管理委员会

2017 年 3 月 3 日

附件（节选）

序号	备案号	地方标准编号	地方标准名称	代替标准号	批准日期	实施日期	标准主管部门
204	52386—2017	DB32/T 3153—2016	公路桥梁伸缩装置病害评定技术标准		2016-11-20	2016-12-20	江苏省质量技术监督局

目　次

前言 .... Ⅲ

1 范围 1

2 规范性引用文件 1

3 术语与定义 1

4 伸缩装置病害检查依据与检查方法 3

5 伸缩装置病害分级评定原则 6

6 伸缩装置病害分级评定方法 7

7 伸缩装置病害分级评定细则 7

8 病害检查周期 12

附录 A（资料性附录） 伸缩装置病害典型案例 13

附录 B（资料性附录） 伸缩装置病害检查记录表 19

本标准用词说明 21

附件 《公路桥梁伸缩装置病害评定技术标准》（DB32/T 3153—2016）编制说明 23

Ⅰ

前 言

本标准按 GB/T 1.1—2009《标准化工作导则 第 1 部分：标准的结构和编写》给出的规则编写。

本标准由江苏省交通运输厅提出。

本标准由江苏省交通运输厅工程质量监督局归口管理。

本标准技术条文由东南大学负责解释。

编制组邮箱：1910116486@qq.com，电话：025-83793102（0）。

本标准主要起草单位：江苏省交通运输厅工程质量监督局、东南大学、江苏交通控股有限公司、江苏润扬大桥发展有限责任公司、江苏扬子江大桥股份有限公司、南京长江第二大桥有限责任公司、常州华瑞特种加固技术工程公司、衡橡科技股份有限公司、衡水中铁建布朗科技有限公司。

本标准主要起草人：姜竹生、周明华、黄跃平、惠卓、吴赞平、胥明、谢利宝、彭森、欧庆保、陈雄飞、汪锋、俞建、翟瑞兴、郭勇、魏存杰、何顶顶。

评审专家：黄侨、钟建驰、韩大章、潘卫育、郭志明、陈庆华。

DB32/T 3153—2016

公路桥梁伸缩装置病害评定技术标准

1 范围

本标准适用于具有交通运输部行业产品标准的伸缩装置产品。非标准产品可参照执行。

本标准规定了公路桥梁伸缩装置的病害定义、病害检查方法、病害分级评定准则和流程、病害分级评定细则、病害分级评定方法及病害检查周期等内容。

本标准适用于公路桥梁,其他桥梁亦可参照执行。

2 规范性引用文件

下列文件对本标准的应用是必不可少的。凡是注日期的引用文件,仅注日期的版本适用于本标准。凡是不注日期的引用文件,其最新版本(包括所有的修改单)适用于本标准。

GB/T 1231	钢结构用高强度大六角头螺栓、大六角螺母、垫圈技术条件
GB/T 11345	焊缝无损检测 超声检测 技术、检测等级和评定
GB 50017	钢结构设计规范
JT/T 4—2004	公路桥梁板式橡胶支座
JT/T 327—2004	公路桥梁伸缩装置
JT/T 502—2004	公路桥梁波形伸缩装置
JT/T 723—2008	单元式多向变位梳形板桥梁伸缩装置
JTG D60—2015	公路桥涵设计通用规范
JTG F80/1	公路工程质量检验评定标准 第一册 土建工程
JTG H11	公路桥涵养护规范
JTG/T F50	公路桥涵施工技术规范
JTG/T H21—2011	公路桥梁技术状况评定标准
JTG B01—2014	公路工程技术标准
JT/T 722	公路桥梁钢结构防腐涂装技术条件
JT/T 327—2016	公路桥梁伸缩装置通用技术条件
CJJ 2	城市桥梁工程施工与质量验收规范
CJJ 99	城市桥梁养护技术规范

3 术语与定义

3.1
伸缩装置安装预留槽口 installation slot of expansion joint

为适应桥梁上部结构变形(位移和转角),在桥梁顺桥向两端设置的伸缩装置安装所需的预留空间间隙,称为安装预留槽口或构造缝(参见编制说明 3.1)。

3.2
伸缩量 expansion (and contraction) amount or expansion stroke

在伸缩缝处桥梁纵桥向拉伸压缩和转角位移变形量的总和。

1

3.3
伸缩装置 expansion (and contraction) joint

设置在桥梁纵桥向预留的构造缝和槽口处，能适应桥梁纵横向变位（伸缩位移与转角）的钢构件机械传动装置。

3.4
伸缩装置功能 function of expansion joint

拉伸和压缩变形产生的伸缩位移，桥梁纵横向坡度产生的转角位移，足够的竖向承载力和竖向刚度。

3.5
伸缩装置病害 faults of expansion joint

凡是直接影响伸缩装置正常使用功能和行车安全的缺损状态都称为病害（参见附录A）。

3.6
异型钢 special shaped steel

采用特殊轧钢工艺一次轧制或热挤压成型的异型断面型钢，主要应用于模数伸缩装置和异型钢单缝式伸缩装置的中梁及边梁。

3.7
支承横梁 supporting beam

应用于模数伸缩装置中支承中梁钢的钢结构横梁，分为直梁式和斜梁式支承两种（参见编制说明3.7）。

3.8
承压支座和压紧支座 support bearing and pressing bearing

设置在模数伸缩装置异型钢中梁钢与支承横梁上下之间的弹性元件。承压支座和压紧支座主要使支承横梁具有弹性支承、压紧和减振作用（参见编制说明3.8）。

3.9
位移箱 displacement box

模数伸缩装置中设置在支承横梁悬臂端用于伸缩位移的箱形空间装置（参见编制说明3.9）。

3.10
位移控制弹簧 displacement control spring

位移控制弹簧是模数伸缩装置中控制中梁钢均匀伸缩位移的专用弹性元件，分为压缩型控制弹簧和剪切型控制弹簧两种，分别由聚氨酯材料和橡胶材料制成，分别应用于格梁式模数伸缩装置和直梁式模数伸缩装置（参见编制说明3.10 图3-8、图3-9）。

3.11
机械铰链位移控制传动装置 displacement control mechanism of mechanical hinge

模数伸缩装置中控制中梁钢均匀位移的机械铰链传动位移装置（参见编制说明3.11）。

3.12
橡胶止水带 rubber seal

模数伸缩装置和异型钢单缝式伸缩装置型钢缝隙之间起密封和防渗漏水作用的特制橡胶带。

3.13
梳齿板（或称梳形板） comb plate

梳齿板伸缩装置中适应位移的钢制梳形齿板，分为尖齿形、梯形和矩形三种。

3.14
支承转轴或转动控制座 supporting shaft or rotating control seat

钢制梳齿板伸缩装置中用于可控制转动活动梳齿板的支承转轴，要求能承担伸缩装置的纵向平面位移和横向与竖向的转角变形作用（参见附录A 图A.10）。

3.15
锚固连接件 anchoring connection
伸缩装置相关部位连接锚固的钢螺栓、吊架等钢部件以及伸缩装置与桥面、路面混凝土锚固用的环状钢筋等。

3.16
波形钢板 wave sheet steel plate
应用于波形伸缩装置的采用一次轧制或压制成型的波形状钢板。

4 伸缩装置病害检查依据与检查方法

4.1 病害检查依据

4.1.1 桥梁设计图，伸缩装置设计图和安装图，伸缩装置类型和规格型号，生产厂家，产品质量保证书和进场验收记录等。

4.1.2 交通运输部产品标准 JT/T 327、JT/T 723、JT/T 502 以及相关产品标准、桥梁设计与施工规范。

4.1.3 伸缩装置竣工验收资料和通车后历年养护维修记录。

4.2 病害检查顺序和要求

4.2.1 伸缩装置病害检查顺序，应先目测外观，后检查主要受力构件和零部件缺损，再检查支承锚固连接和防水系统缺陷。

4.2.2 病害检查应采用目测和仪器量具相结合的方法。

4.2.3 各类伸缩装置病害应分类分项和定性定量检查。

4.3 各类伸缩装置病害分项检查方法

4.3.1 异型钢单缝式伸缩装置病害检查方法，见表4.3.1。

表4.3.1 异型钢单缝式伸缩装置病害检查方法

检查项目	检查内容	检查方法	定量指标量测
橡胶止水带	开裂，破损，垃圾尘土堆积	目测，钢卷尺	破损长度、范围
锚固混凝土	锚固混凝土开裂、破损，裂缝宽度、长度	目测，钢卷尺，钢尺，放大镜	裂缝数量、宽度和长度，破损面积
型钢间隙均匀性	通长缝隙不均匀，一边大一边小	目测，钢尺，钢卷尺	间隙宽度大小和长度不均范围

4.3.2 模数伸缩装置病害检查方法，见表4.3.2。

表4.3.2 模数伸缩装置病害检查方法

检查项目	检查内容	检查方法	定量指标量测
橡胶止水带	尘土垃圾堆积状况，止水带老化、开裂、撕破、渗水、漏水等	目测，手电筒，钢卷尺	垃圾堆积范围，橡胶止水带损坏面积、数量
锚固混凝土	锚固混凝土开裂、破损	目测，钢尺，钢卷尺，放大镜	裂缝数量、宽度和长度，破损面积

表 4.3.2（续）

检查项目	检查内容	检查方法	定量指标量测
缝宽均匀性	型钢缝隙间距不均匀性，缝宽过大或过小等状态	目测，钢尺，钢卷尺	缝宽尺寸，最大和最小尺寸，不正常缝宽长度和范围大小
表面平整度	型钢平顺度，凹凸不平，型钢安装松紧度，型钢对接焊缝断裂损伤，车辆通过时出现异常响声和跳车冲击现象等	目测，钢尺，钢卷尺，车辆走行冲击系数测试仪	型钢水平直线弯曲度，凹凸不平高差，型钢焊缝断裂数量，车辆走行冲击系数，不平整范围面积
支承系统	中梁下面支承横梁下挠变形，支承横梁吊架螺栓和螺母松动、损坏、脱落等状态，压紧支座和承压支座变形及损坏情况	目测，钢尺测量，活动扳手检查吊架固定螺栓和螺母松动情况	支承横梁下挠变形量，吊架固定螺栓、螺母松动和损坏数量，压紧支座和承压支座损坏数量
位移控制系统	压缩弹簧或剪切弹簧损伤情况，固定位移控制弹簧的吊架的安装螺栓、螺母松动或焊接脱焊等，机械铰链位移控制系统障碍	目测，手电筒，钢尺测量压缩弹簧的最大压缩变形量和剪切弹簧的最大剪切变形量，活动扳手检查吊架固定螺栓、螺母松动情况，机械铰链的损坏情况	压缩弹簧的最大压缩变形量，剪切弹簧的最大剪切变形量以及损坏数量，机械铰链的损伤范围

4.3.3 梳齿板伸缩装置病害检查方法，见表4.3.3。

表 4.3.3 梳齿板伸缩装置病害检查方法

检查项目	检查内容	检查方法	定量指标量测
清洁度	垃圾尘土堆积，齿缝间是否有硬物	目测，钢卷尺	垃圾污染堆积范围
锚固混凝土	混凝土开裂破损	目测，钢卷尺	裂缝宽度、长度，破损面积
梳齿板状态	梳齿板变形，翘起，松动断裂，间隙大小，卡齿，凹凸不平	目测，钢尺，钢卷尺，水平尺	梳齿间隙大小，变形，翘起，断裂卡齿数量，不平整面积和高差
梳齿板固定螺栓、螺母	固定螺栓、螺母松动、损坏或脱落	目测，手电筒，逐个检查	数量，单元数
支承转轴、转动控制座、限位螺栓螺母	支承转轴和转动控制座转动灵活度，限位螺栓螺母松动、损坏和脱落现象	手电筒，目测，活动扳手，逐个检查，钢卷尺	数量，单元数，转动控制座灵活度

4

表 4.3.3（续）

检查项目	检查内容	检查方法	定量指标量测
支承托架连接部件	支承托架脱焊松动变形，连接部件损坏	手电筒，目测，钢尺	损坏单元数，脱焊、松动范围
防水密封系统	老化、开裂、渗水、漏水等不正常现象	目测，钢卷尺	渗水、漏水范围，老化、开裂面积、单元数

4.3.4 波形伸缩装置病害检查方法，见表 4.3.4。

表 4.3.4 波形伸缩装置病害检查方法

检查项目	检查内容	检查方法	定量指标量测
锚固混凝土	混凝土开裂破损	目测，钢卷尺	裂缝宽度、长度、破损面积
防水密封系统	专用密封胶老化、破裂、渗水、漏水情况	目测，钢卷尺	老化、破裂面积、范围
波形板与槽口混凝土脱开	槽口混凝土开裂、破损情况，与波形板脱开长度，脱开缝隙大小	目测，钢卷尺	局部开裂破损面积范围，与波形钢板脱开长度，缝隙宽度
泡沫棒和U形底槽	泡沫棒损坏失效情况，U形底槽变形情况	目测，局部打开，钢卷尺	泡沫棒失效范围，U形底槽失效范围

4.3.5 橡胶板式伸缩装置病害检查方法，见表 4.3.5。

表 4.3.5 橡胶板式伸缩装置病害检查方法

检查项目	检查内容	检查方法	定量指标量测
清洁度	垃圾尘土	目测	垃圾尘土堆积面积
锚固混凝土	开裂、破损	目测，钢卷尺	裂缝宽度、长度、破损面积
橡胶板	橡胶板破损程度，破损面积	目测，钢卷尺	脱落、破损面积
骨架、钢板支撑结构	角钢平面位置偏离，凹凸不平，高差	目测，钢尺，钢卷尺	不平整高差尺寸，偏离尺寸，面积
连接槽榫	连接槽榫开裂形成缝隙	卡尺，钢尺，钢卷尺	开裂缝隙大小，面积

4.4 病害检查记录

病害检查项目观测记录表参照附录B中表B.1和表B.2。

4.5 病害检查评定工作流程

病害检查评定工作流程见图4.5。

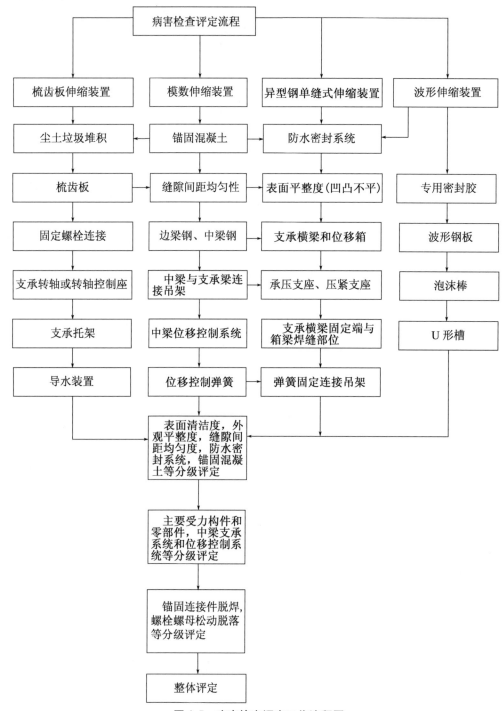

图4.5 病害检查评定工作流程图

5 伸缩装置病害分级评定原则

5.1 1级病害

能正常使用，局部非主要受力零部件和构造连接部位轻度缺损，通过加强检查和正常维护修复能消除病害,定为1级病害。

5.2 2级病害

主要受力构件、零部件和构造连接件部分损坏,技术控制指标接近规范标准值,已对伸缩装置使用功能产生一定影响,但通过加强维护修复或更换零部件后,尚能正常使用,定为2级病害。

5.3 3级病害

主要受力构件、零部件和锚固连接件已多处严重损坏,技术控制指标大于规范标准值,确认无法修复或更换零部件的,部分或完全丧失伸缩装置整体使用功能,已直接影响行车安全,定为3级病害。

6 伸缩装置病害分级评定方法

6.1 按交通运输部伸缩装置产品标准JT/T 327、JT/T 502、JT/T 723中不同类型伸缩装置所产生的病害分别评定。

6.2 评定顺序应为:外观缺陷评定→主要受力构件和零部件缺损评定→支承锚固连接件和防水系统评定→总体评定。

6.3 根据各类伸缩装置所组成的主要受力构件、零部件和锚固连接件等,按表6.3进行分项分类。病害定性和定量评定应采用分项分类与单项控制技术指标相结合的方法,进行病害分类分级评定。

表6.3 主要受力构件和零部件分项分类表

伸缩装置类型	主要受力构件与零部件	依据标准
异型钢单缝式伸缩装置	边梁钢,橡胶止水带	
模数伸缩装置	边梁钢,中梁钢,支承横梁,位移箱,承压支座,压紧支座,位移控制弹簧,机械铰链,连接吊架,橡胶止水带等	JT/T 327
梳齿板伸缩装置	固定梳齿板,活动梳齿板,支承转轴,固定螺栓,转动控制座,支承托架,导水管	JT/T 327、JT/T 723
波形伸缩装置	波形钢板,U形槽,泡沫棒,专用密封胶	JT/T 502
橡胶板式伸缩装置	橡胶板,不锈钢板,支承角钢,固定螺栓组,连接槽榫	JT/T 327

6.4 当伸缩装置主要受力构件、零部件和构造连接部位多处严重损坏,并达到3级时,应确认能否通过修复或更换零部件可以继续使用的,必须进行整体病害评定,确定是否整体更换。

7 伸缩装置病害分级评定细则

7.1 异型钢单缝式伸缩装置病害性质及病害分级评定

异型钢单缝式伸缩装置病害性质及病害分级评定表见表7.1。

表7.1 异型钢单缝式伸缩装置病害性质及病害分级评定表

病害类型	病害等级	病害性质分类与特征	定量指标
锚固混凝土病害	1	锚固混凝土轻微开裂	<3处,裂缝宽度≤2mm,面积<10%,裂缝长度<150mm,正常维修

表7.1(续)

病害类型	病害等级	病害性质分类与特征	定 量 指 标
锚固混凝土病害	2	锚固混凝土局部开裂(详见附录案例A.1)	≤5处,2mm<裂缝宽度≤10mm,面积<30%,裂缝长度<250mm,深度修补
	3	锚固混凝土多处开裂破损,锚固失效,裂缝贯穿槽口	>5处,破损面积>30%,裂缝宽度>10mm,裂缝长度>250mm
防水密封系统病害	1	堆积尘土垃圾过多,橡胶止水带局部开裂、漏水	3处<漏水位置<5处,开裂破损≤10%单缝长度,清理垃圾,修复止水带
	3	橡胶止水带多处老化、开裂、脱落、漏水(详见附录案例A.1)	开裂破损>30%单缝长度,漏水位置>5处,更换止水带
缝隙间距过大或过小	2	型钢缝隙间距过小	间距<10mm
	3	型钢间距偏大或偏小,大于或小于设计值或通长方向一端大,一端小	设计值<型钢间距<10mm或闭合,检查原因,维修或更换
两侧边梁型钢高低不平	2	两侧型钢高低不平,边梁断裂	2mm<相对高差≤3mm,检查原因
	3	一侧下沉,高差明显,跳车(详见附录案例A.1)	3mm<相对高差≤10mm,检查原因,修复或更换

7.2 模数伸缩装置病害性质及病害分级评定

模数伸缩装置病害性质及病害分级评定见表7.2。

表7.2 模数伸缩装置病害性质及病害分级评定表

病害类型	病害等级	病害性质分类与特征	定 量 指 标
锚固混凝土病害	1	锚固混凝土轻微裂缝	<3处,缝宽≤2mm,裂缝长度≤150mm,面积≤10%,正常维修
	2	锚固混凝土多处严重开裂,裂缝宽度较大	≤5处,10%<面积≤30%,2mm<缝宽≤10mm,150mm<裂缝长度≤250mm,深度修补
	3	锚固混凝土大面积开裂、破损,裂缝较宽,锚固失效(详见附录案例A.3)	开裂破损面积>30%,>5处,缝宽>10mm,裂缝长度>250mm,深度修复或更换
防水密封系统病害	1	垃圾、尘土堆积过多,影响伸缩功能(详见附录案例A.2)	堆积面积<10%,正常维护,清除垃圾尘土
	2	橡胶止水带局部老化开裂、漏水	开裂破损<3处,修复止水带
	3	橡胶止水带多处老化开裂、撕破、漏水(详见附录案例A.4)	开裂破损>5处,破损面积>30%,更换止水带
支承系统病害(表面凹凸不平)	1	承压支座和压紧支座变形较大,中梁型钢之间凹凸不平,出现高差	承压支座和压紧支座变形<允许变形量,凹凸不平高差<1.5mm(JT/T 327—2004第5.7.9条规定1.5mm),正常维修

表 7.2（续）

病害类型	病害等级	病害性质分类与特征	定量指标
支承系统病害（表面凹凸不平）	2	承压支座和压紧支座变形过大，支承横梁吊架固定螺栓松动。中梁钢之间凹凸不平，出现明显高差	承压支座和压紧支座变形过大，压缩外鼓、开裂数量≤30%，1.5mm<凹凸不平高差<3mm，维护修复
	3	型钢之间大面积凹凸不平，高差较大。承压支座和压紧支座压坏，支承横梁吊架固定螺栓脱落或松动	3mm<凹凸不平高差<10mm，承压支座和压紧支座压溃损坏数量>30%，更换损坏的。吊架病害>2个，对损坏的修复或更换
中梁型钢病害（缝隙不均匀）	1	中梁型钢出现弯曲变形，局部缝隙不均匀	直线弯曲度<5mm/10m，正常维护
	2	中梁型钢对接焊缝脱焊，开裂未断开，缝隙严重不均匀，过大或过小（详见附录案例A.5）	直线弯曲度>5mm/10m，修复，≥1处，可以修复补焊，80mm<缝隙间距<10mm或闭合
	3	中梁型钢断开错位，掉落；缝隙间距过大或过小（详见附录案例A.6）	≥1处，10mm>缝隙间距>150mm，更换修复中梁钢或整体更换
位移控制系统病害（缝隙不均匀）	1	中梁钢缝隙不均匀，压缩弹簧、剪切弹簧变形较大	压缩弹簧变形>设计值20%，剪切变形位移<10mm，正常维护
	2	多处压缩弹簧或剪切弹簧变形过大、开裂，连接吊架脱焊，机械铰链不灵活，中梁钢缝隙过大或过小	压缩弹簧和剪切弹簧损坏数量≤10%，10mm<剪切变形位移≤40mm，机械铰链损坏≤2个，修复或更换
	3	中梁钢缝隙拉开过大，多处压缩弹簧、剪切弹簧、机械铰链损坏，位移控制功能失效（详见附录案例A.7和A.8）	压缩弹簧压缩变形超限压坏，数量>10%；剪切弹簧剪切变形位移>40mm或剪坏，数量>10%；机械铰链损坏>2个；位移控制功能失效；中梁钢间距拉开≥150mm，可更换

7.3 悬臂式（亦称跨缝式）梳齿板伸缩装置病害性质及病害分级评定

悬臂式（亦称跨缝式）梳齿板伸缩装置病害性质及病害分级评定见表7.3。

表 7.3 悬臂式（亦称跨缝式）梳齿板伸缩装置病害性质及病害分级评定表

病害类型	病害等级	病害性质分类与特征	定量指标
锚固混凝土病害	1	锚固混凝土轻微开裂	<3处，裂缝宽度≤2mm
	2	局部开裂	≤5处，2mm<裂缝宽度≤10mm，10%<面积<30%，深度修复
	3	大面积开裂、破损（详见附录案例A.9）	>5处，裂缝宽度≥5mm，面积>30%

表 7.3(续)

病害类型	病害等级	病害性质分类与特征	定 量 指 标
导水系统病害	2	垃圾堆积过多,渗水	面积<10%,清理垃圾
	3	导水装置多处老化开裂、漏水	面积>30%,修复或更换
锚固螺栓病害	1	局部锚固螺栓螺母松动	数量<10%,修复
	2	局部锚固螺栓松动,螺母脱落	10%<数量≤30%,修复
	3	锚固件严重锈蚀、损坏、螺母脱落(详见附录案例A.9)	数量>30%,立即更换
梳齿板病害	1	同一截面齿板局部凹凸不平	面积<10%,高差<1mm,修复
	2	梳齿板变形或翘起,同一位置、同一断面处齿板高差超标,卡齿	10%<面积≤30%,2mm<高差≤3mm,修复
	3	梳齿板变形或翘起,严重卡齿,齿板断裂,整块脱落,不平整高差过大(详见附录案例A.9)	面积>30%,高差>3mm,局部更换
支承转轴病害	1	支承转轴转动不灵活	≤1个单元,局部松动,维修
	2	支承转轴转动失效,活动梳齿板转动不灵活	≤2个单元,10%<伸缩装置长度<30%,维修或更换
	3	支承转轴锈蚀损坏,转动失效(详见附录案例A.10)	支承转轴锈蚀损坏>2个单元>30%伸缩装置长度,局部更换

7.4 单元支承式(亦称骑缝式)梳齿板伸缩装置病害性质及病害分级评定

单元支承式(亦称骑缝式)梳齿板伸缩装置病害性质及病害分级评定见表7.4。

表7.4 单元支承式(亦称骑缝式)梳齿板伸缩装置病害性质及病害分级评定表

病害类型	病害等级	病害性质分类与特征	定 量 指 标
锚固混凝土病害	1	锚固混凝土轻微开裂	<3处,裂缝宽度≤2mm,局部单元,正常维护
	2	锚固混凝土开裂	≤5处,裂缝宽度≤10mm,≤2个单元,深度修补,修复
	3	锚固混凝土多处破裂	>5处,裂缝宽度>10mm,>2个单元
导水系统病害	1	垃圾堆积过多,渗水	≤2个单元,面积≤10%,清除垃圾尘土
	3	导水装置老化开裂、漏水	>2个单元,10%<面积≤30%,局部更换
梳齿板病害	1	梳齿板局部凹凸不平,变形翘起,同一单元、同一断面处齿板有高差	面积<10%,1个单元,高差≤1mm,正常维护

表 7.4（续）

病害类型	病害等级	病害性质分类与特征	定量指标
梳齿板病害	2	梳齿板变形翘起,明显凹凸不平,出现卡齿和个别齿板断裂	10%＜面积≤30%,≤2个单元,1mm＜不平整高差≤2mm,修复
	3	梳齿板多处严重卡齿,齿板出现断裂或掉落,不平整高差过大（详见附录案例A.11）	面积＞30%,＞2个单元,多处卡齿或断裂,高差＞2mm,更换
锚固螺栓病害	1	锚固螺栓松动,螺母脱落	数量＜10%,正常维护
	2	多处螺栓松动,螺母脱落	10%＜数量≤30%,≤2个单元,维修拧紧,修复
	3	锚固螺栓严重锈蚀,螺母损坏,松动脱落	数量＞30%,＞2个单元,局部更换
支承转轴和转动控制座病害	1	支承转轴和转动控制座摩阻力大,活动梳齿板转动不灵活	≤1个单元,维修
	2	支承转轴和转动控制座失效,活动梳齿板转动不灵活,影响伸缩功能	≤2个单元,修复或更换
	3	多个单元出现支承转轴的转动控制座失效,活动梳齿板转动失效,严重影响伸缩功能	＞2个单元,更换失效单元
支承托架病害	1	支承托架松动	≤1个单元,维修
	2	支承托架脱焊、松动	≤2个单元,维修补焊
	3	多个单元支承托架脱焊、松动	＞2个单元,补焊或更换

7.5 波形伸缩装置病害性质及病害分级评定

波形伸缩装置病害性质及病害分级评定见表7.5。

表7.5 波形伸缩装置病害性质及病害分级评定表

病害类型	病害等级	病害性质分类与特征	定量指标
槽口两边混凝土开裂与波形钢板脱开病害	1	槽口两边混凝土局部开裂,与波形钢板脱开	脱开长度＜10%路面宽度,开裂＜5处,维护
	2	槽口两边混凝土开裂、破损,与波形钢板脱开	10%＜脱开长度≤30%路面宽度,开裂＞5处,修复
	3	槽口两边混凝土与波形钢板大面积脱开（详见附录案例A.12）	脱开长度＞30%路面宽度,多处脱开缝隙＞5mm,更换
防水密封系统病害	2	专用密封胶老化,局部破裂、渗水	长度≤10%路面宽度,维护
	3	专用密封胶黏结老化失效,与波形钢板脱开,严重漏水	10%＜长度≤30%路面宽度,修复或更换

表 7.5(续)

病害类型	病害等级	病害性质分类与特征	定 量 指 标
泡沫棒和U形槽病害	1	泡沫棒局部失效	长度＜10%路面宽度
	2	泡沫棒多处失效	10%＜长度≤30%路面宽度
	3	U形底槽变形,刚度失效,伸缩功能失效	长度＞30%路面宽度,更换

7.6 橡胶板式伸缩装置病害性质及病害分级评定

橡胶板式伸缩装置病害性质及病害分级评定见表7.6。

表7.6 橡胶板式伸缩装置病害性质及病害分级评定表

病害类型	病害等级	病害性质分类与特征	定 量 指 标
锚固混凝土病害	1	锚固混凝土局部开裂	开裂面积＜10%,局部修补
	2	锚固混凝土多处开裂	10%＜开裂面积＜30%,立即修补
	3	锚固混凝土严重开裂、破损,锚固失效	破损面积＞30%,更换
橡胶板脱落、破损	1	橡胶板老化,与钢板黏结开裂	≤3处,破损面积＜10%
	2	橡胶板老化、剥离、破损或掉落	≤5处,10%＜破损面积＜30%
	3	橡胶板严重破损,功能失效(详见附录案例A.13)	＞5处,破损面积＞30%,更换
骨架、钢板支承结构病害	1	角钢平面位置偏离较大,不平整	不平整高差≤1mm,面积≤10%,维修
	2	角钢平面位置偏离过大,不平整,高差较大,凹凸不平	1mm＜高差≤2mm,10%＜面积≤30%,修复
	3	角钢平面位置偏离过大,不平整,高差过大,凹凸不平	高差＞2mm,面积＞30%,更换
连接槽榫开裂	1	连接槽榫局部开裂	面积＜10%
	2	连接槽榫开裂,形成缝隙不闭合	10%＜面积≤30%
	3	连接槽榫开裂严重,范围大	面积＞30%

注:橡胶板式伸缩装置已停止生产,但仍有在用。损坏了的采用替代产品整体更换。

8 病害检查周期

8.1 外观检查,参照《公路桥涵养护规范》(JTG H11)执行,至少每季度例行检查一次。

8.2 定期检查,对有检查条件的大位移伸缩装置,每半年检查一次。

8.3 专项检查,对例行检查中发现有重大病害的,应组织专业人员进行专项检查。

附 录 A
（资料性附录）
伸缩装置病害典型案例

A.1 异型钢单缝式伸缩装置病害（图 A.1）

a) 边梁钢高度不平（高差80mm）

 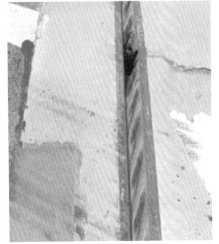

b) 锚固混凝土开裂，橡胶止水带破损

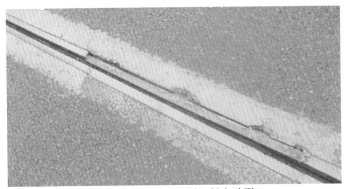

c) 边梁钢断裂，锚固混凝土破裂

图 A.1

A.2 大位移模数伸缩装置,缝隙间积满尘土垃圾,未及时清理(图 A.2)

图 A.2

A.3 模数伸缩装置两边锚固混凝土开裂、破损(图 A.3)

图 A.3

A.4 模数伸缩装置橡胶止水带破损,缝隙间距拉开过大(图 A.4)

图 A.4

A.5 模数伸缩装置缝隙严重不均匀,拉开过大(＞100mm)或过小(＜10mm)(图 A.5)

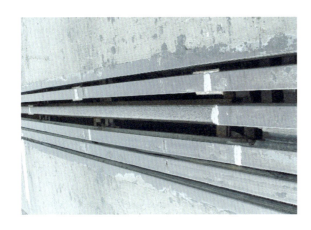

位移控制系统失效,导致中梁钢缝隙严重不均匀

图 A.5

A.6 模数伸缩装置中梁钢对接焊缝断裂(图 A.6)

a) 对接焊缝不规范而断裂　　　　　　　　b) 热挤压成型中梁钢断为两截

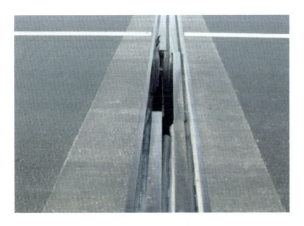

c) 中梁钢断开掉落错位　　　　　　　　　d) 中梁钢断开错位

图 A.6

A.7 机械铰链位移传动系统损坏(图 A.7)

图 A.7

A.8 模数伸缩装置剪切位移控制弹簧损坏(图 A.8)

成堆更换下的剪切位移弹簧

图 A.8

A.9 悬臂式梳齿板伸缩装置梳齿板脱落,锚固螺母脱落,锚固混凝土破损(图 A.9)

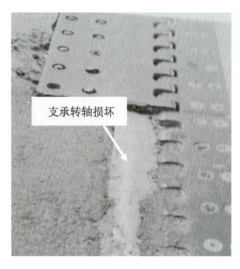

图 A.9

梳齿板翘起，锚固螺栓脱落

图 A.9

A.10 梳齿板支承转轴损坏（图 A.10）

图 A.10

A.11 单元支承式梳齿板伸缩装置病害（图 A.11）

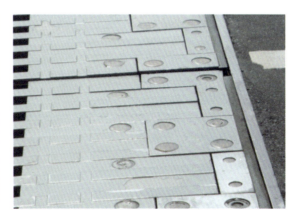

卡齿，梳齿板凹凸不平

图 A.11

A.12 波形伸缩装置专用胶老化失效与波形板脱开,锚固混凝土破裂损坏(图 A.12)

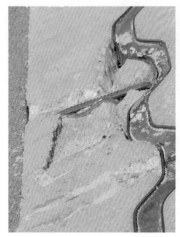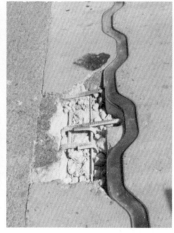

图 A.12

A.13 橡胶板式伸缩装置,橡胶板脱落(图 A.13)

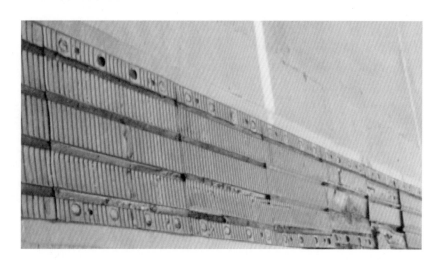

图 A.13

附 录 B

(资料性附录)

伸缩装置病害检查记录表

表 B.1 伸缩装置检查记录表

1) 基本信息

桥梁名称			
启用时间		检查日期	
伸缩装置位置(轴线)		检查编号	
伸缩装置类型		规格、型号	

2) 检查结果

检 查 项 目	病 害 描 述	实 测 结 果	病 害 等 级

处理意见:

检测: 记录:

表 B.2 伸缩装置病害检查评定汇总表

桥梁名称：

伸缩装置位置（桩号）	伸缩装置类型/规格型号	主要病害描述			评定等级	照片或图片（编号/时间）
		病害内容	病害性质	病害程度		

说明：（简图标识）

本标准用词说明

对执行标准条文严格程度的用词,采用以下写法:
1. 表示很严格,非这样做不可的用词:
正面词采用"必须";反面词采用"严禁"。
2. 表示严格,在正常情况下均应该这样做的用词:
正面词采用"应";反面词采用"不应"或"不得"。
3. 表示允许稍有选择,在条件许可时首先这样做的用词:
正面词采用"宜";反面词采用"不宜"。
4. 表示有选择,在一定条件下可以这样做的,采用"可"。

附件

《公路桥梁伸缩装置病害评定技术标准》

(DB32/T 3153—2016)

编 制 说 明

《公路桥梁伸缩装置病害评定技术标准》（DB32/T 3153—2016）

编 制 说 明

一、编制本标准的目的和意义

随着高速公路、高速铁路和城市市政道路的大规模建设,桥梁伸缩装置产品的使用量猛增。伸缩装置产品是我国改革开放以后从国外引进的新技术产品,从无到有,从合资生产到独资生产,产品加工、制作、安装和维护技术仍不够完善。产品应用后的病害逐年增多,损坏速度加快,损坏率上升,已是普遍现象。由于伸缩装置位于桥梁表面,出现病害后,严重影响行车安全。因此,研究和解决伸缩装置已经存在和继续发展的病害,保证其正常安全使用已是当务之急。但对伸缩装置出现的病害性质和病害程度如何评定？出现病害后能否继续使用？公路养护管理部门迫切需要一个具有可操作性的病害评定标准。为此,特制定本标准。

二、任务来源

根据江苏省交通运输厅和江苏省财政厅联合下发的2013年度交通科研计划项目"2013苏财通（306号）通知"（项目编号2013T09）,编制江苏省地方标准《公路桥梁伸缩装置病害评定技术标准》（DB32/T 3153—2016）,由江苏省交通运输厅工程质量监督局、东南大学和江苏交通控股有限公司共同主编。

三、标准编制过程说明

1. 病害专题研究

本课题作为科研项目申报,2013年批准立项后,成立项目组对伸缩装置病害进行了专题研究。

（1）文献搜索,对国内已出现的各类伸缩装置常见病害成因进行归类和分析。

（2）对江苏省及周边地区的公路桥梁伸缩装置损坏情况进行实地调查研究,对生产厂家的产品生产工艺过程进行考察,对病害成因进行统计和理论分析。

（3）对伸缩装置的易损零部件进行取样试验研究和定量分析。

（4）对模数伸缩装置的中梁钢采用不同钢材的承载力和刚度以及焊接对接性能进行对比试验分析。

2. 标准条文编制研究

（1）在病害专题研究的基础上,编制组起草了病害评定标准的条文内容初稿,并组织编制组全体成员进行讨论,经过反复修改形成标准征求意见稿,发往本省及全国相关设计、施工、生产厂家和公路管养等单位,广泛征求专家意见。根据反馈意见再进行修改,形成标准送审稿。

（2）根据调查研究、易损零部件取样试验研究结果以及专家反馈意见和相关产品标准规定,确定病害定量标准。

四、标准条文编制说明

1 范围

本标准规定了适用范围,主要适用于具有交通运输部行业产品标准的伸缩装置产品,其他非标准产品参照执行。

本标准适用于公路桥梁,其他桥梁亦可参照执行。

本标准规定了公路桥梁伸缩装置的病害定义,病害性质分类和分级评定原则,评定方法和病害分级定量指标,病害检查周期和检查方法等内容。

2 规范性引用文件

本标准主要引用了与公路桥梁伸缩装置相关的交通运输行业规范、标准。由于伸缩装置基本上属于钢结构,因此引用了国家标准《钢结构设计规范》(GB 20017)和相关焊接及连接件标准。

3 术语与定义

本章仅将本标准出现的、人们比较生疏的术语列出。术语的解释,其中有一部分是国际公认的定义,但大部分则是概括性定义,并非国际或国家公认的定义。术语的英文名称不是标准化名称,仅供引用时参考。

本章还给出了可能会产生病害的和可更换的不同规格产品伸缩装置相关的构造零部件,以及锚固连接件的专业名词术语。同时在条文说明中附加了相关图和照片,使读者更为明了。

3.1 伸缩装置安装预留槽口

伸缩装置安装预留槽口如图 3-1 所示。

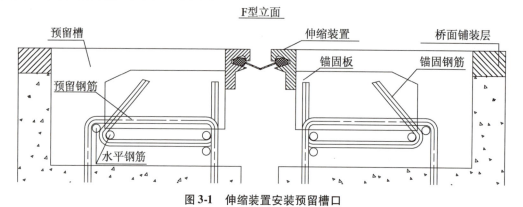

图 3-1 伸缩装置安装预留槽口

3.6 异型钢

模数伸缩装置和异型钢单缝式伸缩装置的中梁及边梁异型钢,如图 3-2 所示。

图 3-2 异型钢

3.7 支承横梁

应用于模数伸缩装置支承中梁钢的钢结构横梁,如图3-3所示。

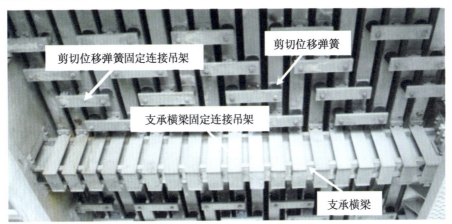

图 3-3 模数伸缩装置下部构造和支承横梁位置

3.8 承压支座和压紧支座

设置在模数伸缩装置异型钢中梁钢与支承横梁之间的弹性元件,如图3-4和图3-5所示。安装位置如图3-6所示。

图 3-4 承压支座　　　　　　　　　　　图 3-5 压紧支座

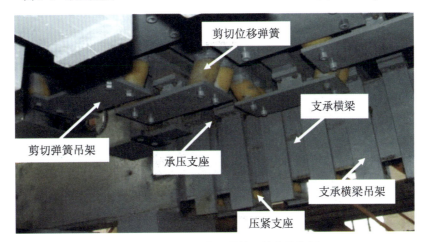

图 3-6 模数伸缩装置弹性元件安装位置

3.9 位移箱

大位移模数伸缩装置中设置在梁端的用于支承横梁伸缩位移的箱形空间装置,如图 3-7 所示。

图 3-7 模数伸缩装置位移箱安装施工图

3.10 位移控制弹簧

位移控制弹簧是模数伸缩装置中控制拉伸压缩位移的专用弹性元件。剪切型控制弹簧如图 3-8 所示,压缩型控制弹簧如图 3-9 所示,安装位置如图 3-6 所示。

图 3-8 剪切位移弹簧

图 3-9 压缩控制弹簧

3.11 机械铰链位移控制传动装置

模数伸缩装置中控制拉伸、压缩位移的机械铰链传动装置,如图 3-10 所示。

图 3-10 机械铰链

3.12 橡胶止水带

模数伸缩装置和异型钢单缝式伸缩装置型钢缝隙之间的特制橡胶带,如图3-11所示。

图3-11 橡胶止水带

3.13 梳齿板(或称梳形板)

梳齿板伸缩装置中适应位移的钢制梳形齿板,如图3-12所示,也可参见附录A中图A.9。

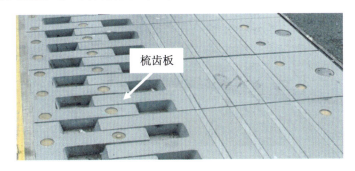

图3-12 梳齿板

3.14 支承转轴或转动控制座

钢制梳齿板伸缩装置的支承转轴可参见附录A中图A.10。

3.15 锚固连接件

各类伸缩装置相关部位锚固连接件,支承横梁吊架、位移控制弹簧固定吊架、梳齿板固定螺栓等如图3-1、图3-3所示。

3.16 波形钢板

应用于波形伸缩装置的波形状钢板,参见附录A中图A.12。

4 伸缩装置病害检查依据与检查方法

4.1 病害检查依据

为了能准确发现病害、判断病害,4.1.1~4.1.3条列出了相关病害检查依据,主要有桥梁设计图、伸缩装置安装施工图、伸缩装置规格型号、生产厂家、产品质量保证书和进场验收记录,以及相关产品标准和通车运营后历年检查维修记录。

4.2 病害检查顺序和要求

4.2.1 列出病害检查顺序,先检查外观,后检查主要受力构件和零部件损坏,再检查支承锚固连接和防水系统损坏。

4.2.2 条文规定了病害检查采用目测与仪器量具相结合的方法。

4.2.3 条文规定了对各类不同伸缩装置应按不同构造要点,采取分项分类检查和检测。

4.3 各类伸缩装置病害分项检查方法

4.3.1~4.3.5条表格中列出不同类型伸缩装置的检查项目和定性定量检测要求,是编制组通过调查研究和自身实践归纳出来的方法,在征求意见稿时各方专家也反馈了不少好的建议。在执行本条文时,也可采取其他可操作性的创新方法。

总之,本条文要求能查出病害,能定性,能定量。

4.4 病害检查记录

按附录B列出的记录表执行。

4.5 病害检查评定工作流程

根据本标准所列不同类型伸缩装置、不同构造特点,编制了病害检查评定工作流程,便于规范操作。

5 伸缩装置病害分级评定原则

本章规定将伸缩装置病害等级划分为三级。有的专家建议分为两级,即能用和不能用。能用的通过维护可继续使用,不能继续使用的,即立即更换。也有专家建议分为四级或五级,编制组考虑分级过多,各级之间的相差不明显,可操作性较差。经反复研究,考虑到伸缩装置产品是由若干零部件组成的特殊性,零部件病害可以修复或更换的,不一定要整体更换,维护成本不一样,确定将病害划分为三级,评定原则如下:

5.1 1级病害

尘土垃圾堆积过多可以清除的,防水密封系统局部损坏可以修复的,锚固混凝土局部开裂可以修补的,不影响正常使用的,定为1级病害。

5.2 2级病害

零部件损坏的可以修复或可更换的,如压紧支座、承压支座、位移控制弹簧、齿板损坏等,修复或更换后可以继续正常使用的,定为2级病害。

5.3 3级病害

零部件和连接件损坏较多和较严重,技术控制指标大于规范标准值,确认无法修复或更换零部件的,部分或完全丧失伸缩装置整体功能的,已直接影响行车安全的,定为3级病害,应整体更换。

6 伸缩装置病害分级评定方法

6.1 根据具有交通运输部产品标准JT/T 327、JT/T 502、JT/T 723等不同品种伸缩装置的构造特点所产生的病害分别进行评定。

6.3 根据各类伸缩装置所组成的主要构件和零部件,以及锚固连接件等病害分项分类评定、分项分类见表6.3。病害定性和定量分级评定应采用分项分类与单项控制技术指标相结合的方法,进行病害分级,确定修复或更换零部件。

6.4 当伸缩装置有多处零部件和构造连接部件损坏严重,病害并存达到3级,确认无法修复和更换零部件,已直接影响行车安全的,应整体更换。

橡胶板式伸缩装置已淘汰,停止生产。对当下在用的,病害严重达到3级的,应采用替代产品整体更换。

7 伸缩装置病害分级评定细则

7.1 异型钢单缝式伸缩装置病害性质及病害分级评定

异型钢单缝式伸缩装置是公路桥梁应用面广量大的伸缩装置,损坏量也逐渐增多。由于构造简单,调查发现主要病害集中在橡胶止水带破损和过渡带锚固混凝土开裂破损较多,对曲线桥和斜交桥也有不少缝宽拉开过大或闭合的病害(详见附录病害案例A.1)。要求按条文7.1分级评定表中病害类型分别进行定性和定量分级评定。

7.2 模数伸缩装置病害性质及病害分级评定

本条文主要针对160、240以上的模数式伸缩装置,构造零部件多,构造连接部位多,编制组通过调查研究发现病害突出,病害多(详见附录病害案例A.2～A.8),要求按条文7.2分级评定表中病害类型分别进行定性和定量分级评定。

7.3 悬臂式(亦称跨缝式)梳齿板伸缩装置病害性质及病害分级评定

本条文根据JT/T 327—2004产品标准规定,主要针对伸缩量300mm以下,适用于公路桥梁的悬臂式梳齿板伸缩装置。通过调查研究,发现病害案例不少(详见附录病害案例A.9),要求按条文7.3分级评定表中病害类型分别进行定性和定量分级评定。

7.4 单元支承式(亦称骑缝式)梳齿板伸缩装置病害性质及病害分级评定

交通运输部产品标准JT/T 723—2008,名称为"单元式多向变位梳形板桥梁伸缩装置",是2000年初期开发研制的新型梳齿板伸缩装置,具有独立知识产权,并拥有多项发明专利。2016年发布的交通运输行业标准《公路桥梁伸缩装置通用技术条件》中更名为"单元支承式梳齿板伸缩装置",伸缩量适用范围80～2 000mm。特点是按1m一个单元,由固定梳齿板和活动梳齿板,转动控制座和支承转轴,支承架和导水管等组合而成,能适应纵横桥向伸缩位移以及垂直和水平转角变位。在九江长江大桥、杭州湾大桥和港珠澳大桥等几十座大中跨度桥梁上获得广泛应用,效果良好。

本条文针对单元支承式梳齿板伸缩装置应用过程中发生的零部件病害类型特点(详见附录病害案例A.10),要求按条文7.4分级评定表中病害类型分别进行定性和定量分级评定。

7.5 波形伸缩装置病害性质及病害分级评定

波形伸缩装置是20世纪末到21世纪初开发研制的新型伸缩装置,具有独立知识产权,并拥有多项发明专利。伸缩量适用范围为20～100mm。其构造特点简单,主要由波形钢板、泡沫棒、U形支架、密封条等采用特制专用密封胶黏结而成。2004年编制出台了交通运输行业标准JT/T 502—2004。已在安徽、江西等省多条高速公路桥梁上获得应用。应用中出现了大量病害,研制单位近几年正在进行技术改进。本条文主要针对已出现的大量病害(详见附录病害案例 A.12),要求按条文7.5 分级评定表中病害类型分别进行定性和定量分级评定。

7.6 橡胶板式伸缩装置病害性质及病害分级评定

本条文主要针对还在使用的橡胶板式伸缩装置的病害评定。由于橡胶板式伸缩装置国内已淘汰使用,厂家已停止生产,若检查发现有严重病害,损坏比较严重(详见附录病害案例 A.12),并已影响行车安全的,应采用替代产品立即更换。检查评定方法按条文7.6 评定表中规定执行。

8 病害检查周期

本章表述了外观检查、定期检查和专项检查三个方面。

8.1 外观检查每季度巡回一次,属于宏观检查,对垃圾尘土堆积过多和防水密封带破损等能做到及时处理和修补。

8.2 定期例行检查每半年一次,对结构连接部位和零部件可能出现的病害做一次较深入的检查,及时维修或更换零部件。

8.3 专项检查不定期,对发生病害较为严重的,已对行车安全造成严重影响的,尤其是大位移伸缩装置,应聘请专业技术人员或生产厂家进行专项检查和病害诊断,决定修复或整体更换。

附录 A(资料性附录) 伸缩装置病害典型案例

附录 A 为资料性附录,列举了各种伸缩装置典型病害案例,供养护管理部门检查时参考。

附录 B(资料性附录) 伸缩装置病害检查记录表

附录 B 为资料性附录。

五、病害主要定量技术指标确定依据

(1)国家和交通运输部相关产品标准,《公路桥涵设计通用规范》《公路桥涵施工技术规范》《公路桥涵养护规范》《公路桥梁技术状况评定标准》《公路工程技术标准》等。

(2)参考了国家建设部《城市桥梁养护技术规范》和原铁道部相关标准。

(3)标准征求意见稿,专家反馈的意见和建议。

(4)本标准编制过程中的调研和试验研究成果。

六、本标准实施建议

1. 伸缩装置病害分级评定原则和评定方法

按本标准第 5 章和第 6 章执行。

2. 伸缩装置病害定性和定量指标

按本标准第 7 章规定,并参照附录 A 病害案例执行。

3. 病害检查方法

按本标准第 4 章检查顺序流程和检查方法规定执行。

4.检查周期

按本标准第 8 章规定,外观巡回检查每季度一次,定期例行检查每半年一次,发现重大病害时进行专项检查。